Albatros viajero

Grace Hansen

Abdo Kids
ANIMALES DE LA ANTÁRTIDA

Abdo Kids Jumbo es una subdivisión de Abdo Kids
abdobooks.com

abdobooks.com

Published by Abdo Kids, a division of ABDO, P.O. Box 398166, Minneapolis, Minnesota 55439.

Abdo Kids Jumbo™ is a trademark and logo of Abdo Kids.

102023

012024

THIS BOOK CONTAINS RECYCLED MATERIALS

Spanish Translator: Maria Puchol

Photo Credits: Alamy, Getty Images, Shutterstock

Production Contributors: Teddy Borth, Jennie Forsberg, Grace Hansen
Design Contributors: Candice Keimig, Victoria Bates

Library of Congress Control Number: 2023939988

Publisher's Cataloging-in-Publication Data

Names: Hansen, Grace, author.

Title: Albatros viajero/ by Grace Hansen

Other title: Wandering albatross. Spanish

Description: Minneapolis, Minnesota: Abdo Kids, 2024. | Series: Animales de la Antártida | Includes online resources and index

Identifiers: ISBN 9781098269876 (lib.bdg.) | ISBN 9798384900436 (ebook)

Subjects: LCSH: Wandering albatross--Juvenile literature. | Sea birds--Juvenile literature. | Birds--Juvenile literature. | Birds--Behavior--Antarctica--Juvenile literature. | Zoology--Antarctica--Juvenile literature. | Antarctica--Juvenile literature. | Spanish Language Materials--Juvenile literature.

Classification: DDC 591.709113--dc23

Contenido

La Antártida

La Antártida es el continente más meridional de la Tierra. Está casi toda cubierta de hielo. A pesar de ser uno de los puntos más fríos, secos y ventosos del planeta, algunos animales asombrosos viven allí.

África
América del Sur
Antártida
Polo Sur
Oceanía

El albatros viajero

El albatros viajero es un ave marina impresionante. Puede tener una **envergadura** de más de 11 pies (3.35 m). Es la extensión de alas más grande de todas las aves. Puede **planear** durante horas sin aletear ni una vez.

África
América
del Sur
Antártida
Polo Sur
Oceanía

El albatros viajero

El albatros viajero es un ave marina impresionante. Puede tener una **envergadura** de más de 11 pies (3.35 m). Es la extensión de alas más grande de todas las aves. Puede **planear** durante horas sin aletear ni una vez.

Se le conoce por sus largos viajes para conseguir comida. Puede ausentarse hasta 20 días, recorriendo miles de millas. De ahí viene su nombre.

Su cuerpo está cubierto de plumas blancas y sus alas son oscuras.

Tiene los ojos redondos y oscuros. Su gran **pico** rosa termina en gancho y le ayuda a agarrar su comida.

Se alimenta principalmente de peces y moluscos como el calamar. Se sumerge a poca profundidad para atraparlos.

Estas aves marinas son poco frecuentes en la costa. Se juntan en tierra para **aparearse**. Forman grandes grupos para anidar.

Crías de albatros viajeros

Este albatros se aparea con una única pareja toda su vida. Las hembras ponen sólo un huevo. Los dos padres se turnan para mantenerlo caliente. Las crías nacen alrededor de 11 semanas después.

Los padres cuidan juntos de los polluelos. Uno le da calor y otro va en busca de alimento. Poco a poco los padres van pasando más tiempo fuera. Después de varios meses la joven ave está lista para volar.

Más datos

- Los científicos creen que el albatros viajero puede dormir mientras **planea**.

- Estas aves tienen un asombroso sentido del olfato. Los científicos piensan que puede oler a una presa a 12 millas de distancia (19.31 km).

- ¡Puede vivir hasta los 50 años!

Glosario

aparearse – criar, juntar animales machos y hembras para tener crías.

envergadura – distancia de punta a punta de las alas de un ave.

pico – parte de la boca de un ave.

planear – volar con facilidad y sin mucho esfuerzo.

Índice